53900

INTRODUCTION HISTORIQUE

A LA

PHILOSOPHIE HÉGÉLIENNE

PAR

ALFRED WEBER

PROFESSEUR AGRÉGÉ AU SÉMINAIRE PROTESTANT DE STRASBOURG

STRASBOURG et PARIS
TREUTTEL ET WURTZ, LIBRAIRES-ÉDITEURS
1866

STRASBOURG, TYPOGRAPHIE DE G. SILBERMANN.

INTRODUCTION HISTORIQUE

A LA

PHILOSOPHIE HÉGÉLIENNE[1].

> Pour posséder *a priori* la science absolue au sens hégélien, il faudrait que l'homme fût l'absolu en tant qu'absolu, c'est-à-dire Dieu; or l'absolue divinité n'appartient ni à l'individu ni à l'espèce humaine prise en bloc, mais à Dieu seul.

La philosophie de Hegel est le faîte d'un édifice dont Descartes a jeté les bases. Pour la bien comprendre, il faut en étudier les prémisses historiques.

Si Descartes, le douteur, n'avait été qu'un sceptique à la manière de Montaigne, il eût vainement aspiré à l'honneur de réformer la philosophie. Mais au doute radical qu'il oppose au moyen âge, il sait joindre un principe positif, éminemment viable et fécond. Par le *cogito ergo sum*, bien plus que par son scepticisme, il devient le père de la philosophie moderne. Si tout est problème, ce qui ne l'est pas, selon Descartes, c'est le fait que je doute, le fait que je pense, la pensée. *La pensée*

---

[1] Les pages qui suivent sont empruntées à un cours que l'auteur a fait sur l'*Histoire de la philosophie allemande dans ses rapports avec la religion*.

existe, et tout ce qui dérive nécessairement de la pensée existe comme elle. C'est le fait de ma pensée qui me garantit mon existence, l'existence de Dieu, l'existence en général. La pensée est donc le principe de l'être, la source de toute certitude, l'instrument unique de la philosophie, et il n'y a d'autre critère de la vérité que l'évidence. La raison, toute la raison, rien que la raison, voilà le cartésianisme, le rationalisme absolu, l'hégélianisme en germe.

Le principe est posé, la méthode créée, il ne s'agit plus que de l'appliquer.

Deux grandes questions dominent le mouvement philosophique inauguré par Descartes : l'une métaphysique, l'autre psychologique. Quel est le rapport entre l'âme et le corps, l'esprit et la matière, Dieu et le monde? En d'autres termes, qu'est-ce que la substance? Telle était la question métaphysique. Quelle est l'origine des idées? Quels sont les caractères de la certitude? Telle était la question psychologique, agitée surtout depuis Leibnitz. De ces deux problèmes, qui ne sont, à vrai dire, que les deux faces d'une seule et même question, dérivent au dix-septième siècle deux grands courants d'idées, dont le confluent produit, vers la fin du dix-huitième, la philosophie allemande moderne.

L'histoire de la question ontologique se résume en trois noms illustres : Descartes, Spinosa, Leibnitz.

C'est de l'étude psychologique que surgit le problème métaphysique.

La sensation est évidemment l'action exercée par le corps sur l'âme, l'action de la matière subie par l'esprit. Le mouvement volontaire est évidemment aussi l'action exercée par l'esprit sur le corps. Nous subissons la matière et nous réagissons sur elle. Il y a donc rapport et rapport intime entre les deux substances. Mais en examinant ce rapport, les Cartésiens se perdent dans d'insolubles difficultés et aboutissent au mystère. L'esprit est une substance pensante et sans étendue ; la matière, une substance étendue et inconsciente. L'esprit n'est que pensée, le corps n'est qu'étendue. Il n'y a rien dans la substance pensante de ce qui est dans la substance étendue, rien dans la matière de ce qui est dans l'âme. Le corps et l'esprit sont donc des contraires dans le sens le plus absolu. Or il n'est pas possible que deux substances absolument opposées et exclusives l'une de l'autre exercent l'une sur l'autre une mutuelle influence. L'action réciproque de l'âme et du corps ou n'est qu'apparente ou ne s'explique que par la toute-puissance divine, c'est-à-dire demeure inexpliquée.

Spinosa, tout en adoptant les principes de Descartes, en tire, par une logique serrée, des conclusions différentes.

Si la substance est ce qui subsiste par soi, Spinosa

en conclut que les corps ni les esprits ne sont, à proprement parler, des substances. Il n'y a qu'un être qui subsiste par lui-même et par lui seul; c'est Dieu : il n'y a donc qu'une seule substance, Dieu. Tous les corps, d'une part, tous les esprits, de l'autre, perdent ainsi, du même coup, leur substantialité, et deviennent de simples phénomènes : des *modes* de la substance, comme s'exprime Spinosa, des *faits*, comme nous dirions aujourd'hui. Il n'y a qu'un être, Dieu ou monde, et cet être infini a deux attributs à nous connus : l'étendue et la pensée. L'étendue, en se modifiant, constitue les corps; la pensée, en se diversifiant à l'infini, constitue les esprits. Tel est le système de Spinosa.

L'esprit et la matière, l'âme et le corps se trouvent ramenés ainsi à une souche commune; les deux contraires s'unissent dans un troisième terme qui doit en être la synthèse : la substance. Mais, à dire vrai, la liaison entre l'esprit et le corps n'est encore qu'indirecte; ils se trouvent rattachés tous les deux à un principe commun, sans être directement reliés entre eux. Spinosa constate d'une manière tout empirique que la substance a pour attributs l'étendue et la pensée; mais il néglige de nous montrer le lien organique qui existe entre ce qu'il appelle les attributs de la substance; il ne songe pas un seul instant à nous faire voir comme quoi la substance est nécessairement d'abord matière ou extension, puis esprit ou vie intérieure, et pourquoi elle n'est que cela[1]. La connexion dialectique de l'étendue et de la pensée, le *pourquoi* du monde visible et de son existence en regard du monde spirituel, Spinosa ne l'entrevoit pas plus que Descartes.

C'est Leibnitz qui fait faire à la question le pas décisif.

Leibnitz abandonne la notion abstraite de substance, comme une catégorie stérile, et y substitue l'idée de force, d'activité, de vie. Il proclame, en opposition au monisme abstrait de Spinosa, la substantialité de l'âme et la substantialité du corps; mais il la proclame dans un autre sens que Descartes. Selon Descartes, il y a deux sortes de substances qui n'ont rien de commun entre elles, les corps et les esprits; deux mondes séparés en principe et reliés de fait par un lien purement mécanique, le monde spirituel et le monde matériel. Selon Leibnitz, il n'y a qu'un monde, une série d'êtres, un ordre de choses, un système de forces ou de *monades* analogues entre elles. Les corps ne sont pas à côté des esprits, ni les esprits à côté des corps; mais chaque monade est immatérielle dans son essence, matérielle dans ses manifestations; chaque être est une force qui affirme son individualité en devenant à la fois corps ou représentation externe et perception ou repré-

---

[1] Il y songe si peu que, loin de prétendre que l'étendue et la pensée soient les seuls attributs de la substance, il donne à la substance une infinité d'attributs (*Éthique* I, Déf. VI, cp. Prop. IX et Prop. X, Schol.)

sentation interne. L'étendue et la pensée ne sont pas des substances, comme le veut Descartes, ni des attributs, comme l'affirme Spinosa, mais des degrés dans la vie d'un même être, des phases distinctes dans le développement d'une même force ou monade.

La question ontologique vidée, c'est le problème de l'origine des idées qui se place au premier rang dans les préoccupations du monde philosophique, et qui, en déterminant de nouvelles recherches, devient le principe de nouveaux progrès.

Selon Descartes, les idées tirent leur origine de l'esprit et de la faculté de penser qui lui est innée. Si, pour les idées adventices, il admet la collaboration des sens et de la perception externe, c'est en se mettant en contradiction avec sa métaphysique : celle-ci, n'admettant pas de rapport naturel et immédiat entre la substance spirituelle et la substance matérielle, ne peut admettre en principe l'expérience sensible.

Plus conséquent que le maître, Malebranche la nie et aboutit, par sa théorie de la vision en Dieu, aux conclusions extrêmes de l'idéalisme subjectif.

Leibnitz, qui a proclamé la connexion intime de l'étendue et de la perception, et qui les a fusionnées dans la notion de force, n'admet un rapport réel et vivant entre les deux contraires qu'au sein de la monade. Mais une action réciproque, un échange de vie entre les monades qui constituent le monde, il le nie formellement. « Les monades, dit-il, n'ont point de fenêtres, par lesquelles quelque chose y puisse entrer ou sortir[1]. » Mais alors, qu'est-ce que la sensation, la perception externe, l'expérience ?

D'autre part, Locke et l'empirisme rejettent la théorie des idées innées et font dériver de la sensation la totalité de nos idées.

De la lutte entre l'idéalisme et le sensualisme, tous deux dogmatiques, se dégagent au dix-huitième siècle le scepticisme de Hume et le criticisme de Kant. La raison philosophique, étonnée des contradictions qu'elle a enfantées, fait un retour sur elle-même pour examiner

Quid valeant humeri, quid ferre recusent.

Nous est-il possible de connaître les choses en elles-mêmes ? Peut-il y avoir certitude en matière de métaphysique ? Tel est le problème que Kant se propose de résoudre.

La solution à laquelle aboutit la *Critique de la raison pure* est négative. En effet, les données des sens prennent nécessairement les formes de l'entendement humain, comme le métal liquide prend la forme du moule où il est versé. Dans le moule, le métal s'est transformé, ses contours ne sont plus ce qu'ils étaient au dehors ; de même les choses que nous percevons par les sens et que nous concevons par l'intelligence

[1] *Monadologie*, § 7.

sont autres peut-être, après y avoir passé, qu'elles n'étaient en elles-mêmes. En d'autres termes : les choses ne sont pas nécessairement comme nous les pensons, et nos idées ne sont pas nécessairement ce que sont les choses.

Par un effort sublime, Kant échappe aux conséquences pratiques du criticisme en proclamant la certitude morale. S'il n'y a pas de science certaine des choses invisibles, au moins il y a certitude dans la vie ; s'il n'y a pas d'absolu pour le penseur, il y a un absolu pour l'homme, et cet absolu c'est l'impératif catégorique de la conscience; cette certitude, c'est la certitude du caractère obligatoire de la loi morale.

Jamais révolution, dans le domaine de la pensée, n'avait été plus radicale ; jamais on n'avait compris au même degré que les systèmes du passé étaient construits sur le sable et que tout était à refaire.

Mais à refaire sur quelle base ?

Kant avait insinué, dans l'édition originale de sa *Critique de la raison pure*[1], que le mystérieux inconnu caché sous les phénomènes sensibles pourrait bien n'être autre chose que l'inconnu qui est en nous, c'est-à-dire la raison, la pensée, le moi. Cette simple observation, à laquelle Kant n'a pas donné suite et qu'il a même supprimée dans la seconde édition de son chef-

[1] P. 667-668.

d'œuvre, était grosse de la philosophie de Fichte, de Schelling, de Hegel.

Penseur hardi, tranchant, absolu, Fichte s'empare de l'hypothèse kantienne, la transforme en dogme et en fait la base d'une nouvelle ontologie. Il y trouve le mot de l'énigme, la véritable interprétation du *cogito ergo sum* de Descartes[1], le trait d'union qui relie la pensée à l'être, le pont jeté sur l'abîme que la *Critique de la raison pure* a creusé d'abord entre le moi et le monde. Il y découvre ce qu'il y a de commun, d'identique dans le moi et dans l'univers.

Ce fond commun, c'est la raison. Le monde est une œuvre parfaitement rationnelle et moi je suis raison. C'est une seule et même raison, une raison identique qui est en moi et dans le monde. En posant ainsi le principe de l'*identité*, Fichte n'entend pas dire qu'il est l'univers et qu'en dehors de lui, Fichte, rien n'existe; il affirme seulement qu'il y a au fond du moi quelque chose qui est aussi dans le monde : la raison.

La raison, ainsi comprise, n'est pas l'intelligence; elle est la loi absolue de l'intelligence, le code qui la gouverne, le principe dont l'intelligence relève nécessairement. Une intelligence qui tente de se soustraire aux lois de la raison cesse par là même d'être intelli-

---

[1] La différence entre l'idéalisme critique de Kant et l'idéalisme dogmatique de Descartes peut s'énoncer ainsi : selon Kant, la pensée constitue le phénomène, mais le phénomène seulement; selon Descartes, la pensée constitue l'être même (*cogito = sum*).

gente. Il y a une infinité d'intelligences distinctes, mais il n'y a qu'*une* raison qui les gouverne et les constitue. S'il y avait deux, trois, plusieurs raisons, il y aurait deux, trois, plusieurs vérités et il n'y aurait plus de science possible.

Or, si la raison est dans l'univers, comme le principe qui le produit et la loi qui en détermine les évolutions et qu'elle soit aussi en moi, comme le principe de ma pensée et le code qui la gouverne, il s'ensuit que ce qu'elle me fait *concevoir* comme étant dans le temps et dans l'espace, elle le *produit* aussi dans le temps et dans l'espace, que ce qu'elle me fait concevoir quantité, qualité, substance, cause, rapport, elle le fait quantité, qualité et ainsi de suite, il s'ensuit, en un mot, que les choses *sont* comme elles sont *pensées* et que les idées sont l'expression adéquate des choses.

C'est donc une pure chimère que ce mystérieux inconnu, caché, selon Kant, sous les phénomènes sensibles et se dérobant éternellement aux étreintes de la raison. La métaphysique *a priori* est possible, et elle l'est en vertu de l'identité de la raison qui pense les choses et de la raison qui les produit[1].

---

[1] Pour ne pas rompre en visière au chef de l'école critique, il fallait dire : la métaphysique est possible *dans l'hypothèse* de l'identité de la raison qui pense et de la raison qui produit. Il y aura certitude en cette matière le jour où cette identité sera autre chose qu'une hypothèse, où elle sera confirmée et légitimée par l'expérience, base indispensable du savoir humain.

C'est sur le principe de l'identité, imparfaitement appliqué par Fichte et par Schelling, que Hegel édifie son système.

La philosophie de Hegel est essentiellement une méthode; elle est même, dans la conviction de Hegel, la méthode absolue. Le dogme que Fichte et Schelling opposent aux conclusions de Kant, Hegel y adhère, mais il y ajoute cette grave réserve : les choses sont comme elles sont pensées, et la pensée est l'expression adéquate des choses, à une condition : c'est que les choses soient *bien* pensées, c'est que la pensée obéisse sans restriction à la raison et ne se livre pas, comme elle le fait sous la plume de Schelling, aux caprices d'une plantureuse imagination. Pour arriver à la connaissance certaine des choses, pour les connaître dans leur principe et dans leur enchaînement logique, il faut penser sans doute; mais ce n'est pas tout de penser, de spéculer au hasard, il faut penser avec méthode et d'après une loi invariable. A ce prix seulement le résultat de notre pensée répondra en tout point au résultat de la pensée infinie qui se déroule dans la nature et dans l'histoire.

La nature a ses lois, l'histoire a sa logique, la pensée individuelle a son code, et ces trois législations n'en font qu'une. Dans les évolutions de la nature, dans les développements de l'histoire, dans les opérations de la pensée, la raison est toujours la même. Si donc le philosophe réussit à découvrir la loi qui régit sa pensée, du même coup il aura découvert la loi qui gouverne toutes choses. Or, pour découvrir la loi de la pensée, il n'y a qu'une chose à faire, c'est de penser, mais de penser exclusivement, c'est-à-dire en excluant de la pensée tout ce que la *folle du logis* y a mêlé, tous les matériaux fournis par les sens, de ne penser ni à Pierre ni à Paul, mais à la pensée et rien qu'à la pensée. Dégagée ainsi de tout alliage étranger et repliée sur elle-même, la pensée produit sans effort, naturellement et nécessairement, une série d'idées, abstraites d'abord, puis de plus en plus concrètes, riches, vivantes. Elle répète le même procédé; elle le répète encore, et il se trouve que la série de ses produits est toujours la même, que les idées qui la constituent s'engendrent constamment dans le même ordre. Puis elle les compare entre elles et découvre qu'elles forment une série de groupes distincts ; elle compare ces groupes et constate que tous se sont produits de la même manière et par le même procédé, savoir : par voie d'opposition et de conciliation.

Tel est le résultat de la spéculation, la méthode spéculative appliquée.

Que la pensée, mise ainsi en possession d'elle-même et du secret ressort qui la fait jouir, compare ensuite le résultat de son travail au résultat du travail de Dieu et elle trouvera que chacune des idées qu'elle a produites par voie spéculative correspond à une étape de la pensée créatrice, à un règne de la nature :

A l'idée abstraite d'être et à ses développements, la qualité, la quantité, la proportion, correspond l'univers astronomique, la sphère des nombres et des rapports mécaniques, l'empire des abstractions.

A l'idée de vie et à ses corollaires correspond le monde organique, avec sa hiérarchie des êtres vivants.

Enfin, à l'idée de concept, de totalité, de perfection répond le monde des intelligences, l'homme, l'histoire.

L'expérience sert ainsi de contre-épreuve à la méthode spéculative, dont elle démontre la justesse.

La système que cette méthode a produit se divise en trois parties :

1º La première a pour objet la raison considérée *in abstracto*, le code immuable qui régit et la nature et la pensée, l'éternelle charpente du monde, « le réseau de diamant dans lequel s'édifie l'univers. » C'est la *logique*, « la science des abstractions, des squelettes sans vie, des fantômes sans chair ni sang, » mais qui, à vrai dire, s'occupe des réalités éternelles ; car ce que l'esprit inculte appelle réalité, la chair, le sang, le phénomène, l'individu, n'existe réellement que par l'idée qui s'y incarne, par le type qui s'y affirme, par la loi générale qui y préside. Dans la vérité des choses, la loi, le type, l'idée est seule réelle, puisqu'elle persiste alors que le phénomène passe et que l'individu disparaît. Or ce qui se maintient est plus fort et par conséquent plus réel que ce qui passe. D'autre part, la loi serait réellement une abstraction, si elle ne s'affirmait dans des faits ; l'idée ne serait qu'un mot, si elle ne déployait son contenu dans l'espace et le temps. De là :

2° Une seconde partie de la science, *la philosophie de la nature*, plus attrayante et plus vivante que la logique qui lui sert de base.

S'affirmer, se réaliser, c'est tout d'abord se transformer en son contraire. Prenez l'idée du point mathématique. En soi, le point est la négation absolue de l'étendue. Or le point que le géomètre figure sur le tableau n'est pas un point, mais un corps, fort petit sans doute, mais un corps, c'est-à-dire le contraire du point mathématique. Donc le point, en passant de l'esprit du géomètre sur le tableau, de l'existence idéale à la réalité sensible, devient autre chose que ce qu'il est en principe, entre en contradiction avec son essence, se brouille en quelque sorte avec son idée. Prenez la plante. La plante, dont l'essence est de s'épanouir à la lumière, n'est-elle pas obligée, pour devenir plante, de mourir avant de naître ? Prenez enfin l'idée d'homme. L'idée d'homme est celle d'un être pensant. Or comment cette idée se réalise-t-elle ? C'est en devenant un organisme, un corps, un être matériel, qui, en entrant dans ce monde, n'a pas plus conscience de lui-même que la plante ou l'animal, c'est-à-dire en devenant son contraire. C'est ainsi que toute idée qui se réalise entre en contradiction avec elle-même, passe à un état contraire à sa nature. Cette contradiction, qui est au fond de la nature matérielle, est cause de l'instabilité des choses visibles, de cette transformation incessante, qui fait que rien dans la nature n'est définitif, absolu, parfait. C'est que le but de la nature n'est pas dans la nature même, mais au delà. Le déploiement de l'idée dans l'espace et dans le temps est une évolution transitoire, dont le but est de transformer l'être en conscience, de rendre l'idée à elle-même. Le point, en passant sur le tableau, est devenu corps, mais c'est pour redevenir point idéal dans l'esprit de l'élève; l'homme, en se réalisant, est devenu matière et chair, mais c'est pour devenir ce qu'il est en principe : intelligence, volonté, esprit. La raison infinie se fait espace, pesanteur, matière, mais c'est pour aboutir dans l'homme à la possession d'elle-même, à l'intelligence d'elle-même, à la science; c'est pour revenir à son point de départ et pour rentrer en quelque sorte dans ses domaines, mais enrichie de l'expérience qu'elle a faite dans son pèlerinage à travers l'étendue et le temps, consciente d'elle-même et libre. De là la tendance à l'individualité, qui traverse la nature entière et qui domine tous ses développements, toutes ses créations. Dès son berceau, pour ainsi dire, la nature tend à créer des centres individuels. Le centre par excellence, où la raison déployée dans l'univers se retrouve et se contemple, où la loi génératrice des choses se réfléchit comme dans un miroir, c'est l'homme, c'est le moi, c'est l'esprit.

3º L'esprit fait l'objet de la troisième partie du système, de la *philosophie de l'esprit*. Dans le système des sciences philosophiques comme dans l'ordre des créations divines, dans le développement de l'humanité comme dans le développement de l'individu, l'esprit ne vient qu'à la fin ; la vie intellectuelle et morale est précédée par la vie matérielle et végétative. Pourquoi ? Parce que l'esprit consiste dans la conscience et que la conscience est essentiellement un acte de concentration. Or pour qu'il y ait concentration et possession de soi, il faut qu'il y ait d'abord expansion, étendue, matière. Ainsi se trouve résolue l'énigme dont Descartes et Spinosa ont vainement cherché le mot : l'énigme de la coexistence du monde matériel et du monde spirituel. Ainsi se trouve constatée la connexion dialectique qui relie l'esprit à la matière. Le monde des corps cesse d'être un appendice inutile du monde spirituel, et l'esprit, de son côté, n'est plus indifférent à la matière. Ce n'est plus le spiritualisme dualiste des Cartésiens, ce n'est plus le demi-matérialisme de Spinosa qui, en coordonnant les deux mondes, attribue à la matière une importance égale à l'esprit, et c'est moins encore le matérialisme proprement dit, le monisme de la matière. C'est le spiritualisme absolu, le monisme de l'esprit. La matière est un échelon indispensable, mais un échelon, un moyen; c'est l'esprit qui est la fin où tendent toutes choses, et le but de l'éternelle création peut s'énoncer ainsi :

Il faut que ce qui est sache qu'il est.

Il faut que tout se transforme en conscience.

Il faut que tout devienne esprit.

Le système de Hegel peut se résumer en ces mots :

Exister, c'est se développer.

Qu'est-ce que le développement? Quelle en est la forme générale, le rhythme nécessaire, invariable, universel ?

A cette question répond la logique, la science du développement-type, la philosophie *théorique*.

Qu'est-ce que le développement dans la nature et dans l'histoire ?

A cette question répond la philosophie de la nature et de l'esprit, la philosophie *appliquée*[1].

---

[1] La division du système des sciences philosophiques, adoptée par Hegel, ne s'applique au fond qu'à la logique en tant que résumant la philosophie tout entière ; elle cesse d'être exacte, et elle devient une source de malentendus du moment que de la logique Hegel sépare la philosophie de la nature et la philosophie de l'esprit, comme sciences distinctes. A ce compte, le système de Hegel se divise naturellement, non plus en trois parties, mais en deux, dont l'une est la logique, la théorie, la philosophie proprement dite; et l'autre : la philosophie de la nature et de l'esprit, l'application. La logique forme un tout

homogène et parfaitement clos; d'autre part la philosophie de la nature se relie intimement à la philosophie de l'esprit; mais entre la logique et la philosophie de la nature il n'existe qu'un lien tout extérieur et artificiel; la philosophie de la nature ne continue pas la logique, mais la commente, l'explique, la justifie; elle est, en quelque sorte, une concession faite par Hegel à la philosophie expérimentale. Les Hégéliens de la stricte observance s'ingénient à trouver une connexion dialectique entre la *Logique* et la *Philosophie de la nature*, un passage naturel de l'une à l'autre. La division adoptée par Hegel, dans l'*Encyclopédie*, reproduit fidèlement, disent-ils, l'idée trinitaire qui est au fond de son système. Je réponds que, loin de la reproduire fidèlement, elle la fausse. Dans la pensée de Hegel, l'idée n'existe pas en soi et *in abstracto* avant d'exister *in concreto*; sitôt qu'elle existe, elle est hors d'elle ou à elle, matière ou esprit, et comme elle existe nécessairement et toujours, elle ne saurait exister que sous deux formes distinctes, sous forme de matière ou sous forme d'esprit. Or la division du système en trois sections semble dire que l'idée existe sous *trois* formes distinctes, qu'elle existe *d'abord*, c'est-à-dire dans le temps, comme idée en soi, puis hors de soi, puis pour soi : ce qui est une doctrine platonicienne et nullement hégélienne. Évidemment, la tripartition s'applique d'une part à la logique, de l'autre à la philosophie de la nature et à la philosophie de l'esprit, fondues en un seul tout et considérées comme un appendice du système, mais elle ne peut s'appliquer à l'ensemble de la philosophie hégélienne, sans en altérer le sens et la portée.

www.ingramcontent.com/pod-product-compliance
Lightning Source LLC
Chambersburg PA
CBHW070455080426
42451CB00025B/2753